TRAVAUX

ET

TITRES SCIENTIFIQUES

DU

Docteur MUNARET

1826-1876

LYON

IMPRIMERIE D'AIMÉ VINGTRINIER

Rue de la Belle-Cordière, 14

—

1876

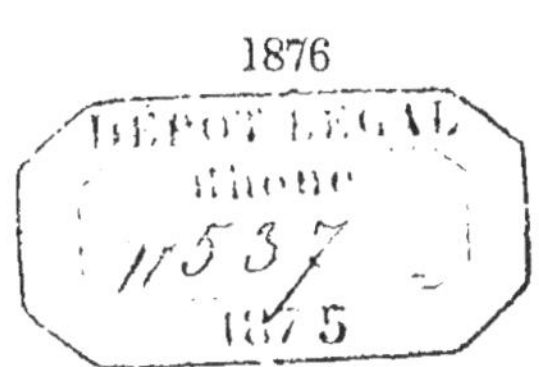

I. TRAVAUX

A. — Ouvrages imprimés

1. Médecine de l'étude, thèse inaugurale, 1 vol. in-4 de 55 pages; Montpellier, 1830.

2. Promenade chirurgicale a Lausanne, brochure in-8 de 87 pages; Paris, 1837.

3. Du médecin de campagne et de ses malades, mœurs et science; Paris, 1837, 2 vol. in-8 de 900 pages, avec gravures.

4. Du médecin des villes et du médecin de campagne; Paris, 1840, 1 vol. in-12, format anglais, 550 pag.

5. Dispensaire spécial pour le traitement des vénériens indigents de la ville de Lyon, son but et ses moyens; Lyon, 1840, brochure in-8 de 32 pages.

6. Lettre a MM. les membres du congrès scientifique de Lyon qui s'intéressent à la réorganisation médicale, brochure in-8 de 15 pages; Lyon, 1841.

7. Annuaire de l'économie médicale pour 1845, 1 vol. in-18 de 350 pages; Paris, 1845.

8. Notice sur Mathias Mayor, sa vie et ses travaux, brochure in-8 de 104 pages avec portrait; Lyon, 1847.

9. Les trois sources de Saint-Galmier, brochure in-8 de 30 pages; Lyon, 1849.

10. Lettre a M. le docteur Diday, sur les eaux de Saint-Galmier, brochure in-8 de 8 pages; Lyon, 1852.

11. Lettre a M. le Président de l'Académie nationale de médecine sur l'emploi des granules en médecine, brochure in-8 de 6 pages; Paris, 1852.

12. Supplique au Président de la République en faveur de la création d'une maison et d'une caisse de retraite pour les médecins vieux et infirmes. brochure in-8 de 8 pages; Paris, 1852.

13. De l'exercice illégal de la médecine et des moyens de le réprimer. — *Lettre au docteur Loreau*, brochure in-8 de 16 pages; Lyon, 1857.

14. Lettre sur les bains a vapeur térébenthinée, a M. le curé de Saint-D., brochure in-8 de 15 pag. avec une vue de l'établissement de Serin; Lyon, 1857.

15. Lettre sur l'hippophagie, à M. Rey, professeur à l'Ecole vétérinaire de Lyon, brochure in-8 de 15 pages; Lyon, 1858.

16. Notes historiques et médicales sur le perchlorure de fer, brochure in-8 de 14 pages; Paris, 1861.

17. De Lyon a Avignon. — *Lettre à M. le docteur Du-*

mont (de Monteux), brochure in-8 de 15 pages ;
Lyon, 1861.

18. LES EAUX MINÉRALES DU VIVARAIS. — *Lettre à M. le
docteur Amédée Latour*, brochure in-8 de 15 pag. ;
Paris, 1862.

19. CATALOGUE des livres rares et précieux, provenant de
la bibliothèque de M. le docteur M*, avec une
préface, brochure in-8 de 98 pages ; Lyon, 1868.

20. LE BRÉVIAIRE DU MÉDECIN (Compte-rendu sur), brochure in-8 de 15 pages ; Lyon, 1869.

21. ICONAUTOGRAPHIE DE JENNER, vol. in-8 de 70 pages ;
Paris, 1860.

22. NOTICE SUR T.-C. EDOUARD AUBER, SA VIE ET SES
TRAVAUX, brochure in-8 de 32 pages, avec portrait ; Paris, 1874.

23. ICONAUTOGRAPHIE MÉDICALE, portraits et autographes
de médecins célèbres, anciens et modernes ; collec-
tion faite, classée par ordre alphabétique et ren-
fermée dans vingt-cinq volumes (étuis) format
in-folio.

24. CAUSERIES ET MISCELLANÉES. — Science, littérature,
philosophie, esthétique, histoire de mon temps,
boutades, etc. ; vol. in-8 de 358 pages ; Paris,
1875.

B. — Mémoires inédits, Articles de journaux

25. MÉMOIRE SUR LE BRONCHOCÈLE, observé et guéri par

— 6 —

l'iode pour la première fois chez l'espèce canine, couronné, en 1826, par la Société médicale de Toulouse.

26. SUR L'EMPLOI DE L'ÉMÉTIQUE A HAUTES DOSES dans le traitement des phlegmasies de poitrine. — *Gazette médicale de Paris*, 1833.

27. DEUX OBSERVATIONS pour servir à l'histoire de l'émétique, comme médicament et comme poison ; même journal, 1833.

28. ACCOUCHEMENT immédiatement suivi de l'expulsion du placenta ; réflexions à ce sujet ; même journal, 1833.

29. SUR L'EMPLOI DU NITRATE D'ARGENT dans le traitement de certaines ophthalmies ; même journal, 1834.

30. LETTRE MÉDICALE à M. Jules Guerin, sur l'emploi du chlorure d'oxide de sodium, pour guérir les fièvres intermittentes ; même journal, 1834.

31. DE L'USAGE INTEMPESTIF DES SANGSUES.— *Journal des Sciences physiques, chimiques, etc., de France*, 1834.

32. HÉPATITE ET PHTHISIE au dernier degré, guéries par l'ouverture d'abcès. — *Gazette médicale de Paris*, 1834.

33. TROIS LETTRES CHIRURGICALES à M. Mayor (de Lauzanne), sur les appareils hyponarthéciques ; même journal, 1835 et 1836.

34. MÉMOIRE SUR LE TRAITEMENT DES FIÈVRES INTERMITTENTES par le chlorure d'oxide de sodium, adressé

à l'Académie royale des sciences, et honoré d'une mention au concours Monthyon, 1835.

35. JUSTIFICATION MÉDICALE DU CYANURE DE POTASSIUM. — *Gazette médicale de Paris*, 1835.

36. JOURNAL D'UN MÉDECIN DE CAMPAGNE, adressé à l'Académie royale de médecine, 1835.

37. DEUX MÉMOIRES SUR LE TRAITEMENT DES FRACTURES DE CÔTES, avec un appareil, adressés à l'Académie royale de médecine, 1835. — Rapport favorable.

38. MÉMOIRE SUR UNE ÉPIDÉMIE DE VARIOLE, adressé au Comité central de la vaccine, 1835. — Rapport favorable.

39. DEUX OBSERVATIONS DE HERNIE ÉTRANGLÉE; opération, réflexions. — *Gazette médicale de Paris*, 1837.

40. NOTICE BIOGRAPHIQUE SUR COSTE, 6 pages in-8. — Compte-rendu des travaux de la Société d'émulation de l'arrondissement de Nantua, tome I, page 167.

41. MÉMOIRE SUR LE COW-POX, découvert à Brignais en 1830; honoré d'une médaille d'argent par la Commission permanente de vaccine du département du Rhône.

C. — Appareils, Instruments

42. CEINTURE RÉDUCTIVE ET CONTENTIVE, pour la fracture

des côtes, décrite et dessinée dans le *Médecin de campagne*, tome II, page 94, figure 15.

43. Lancetier-scarificateur. Même ouvrage, tome II, page 29, figure 9; se trouve chez Charrière, à Paris.

44. Appareil pour le traitement des fractures (hyponarthécie de Mayor) importé en France et perfectionné. — Voir sa description et son appréciation dans le Dictionnaire de médecine et de chirurgie, tome XIII, article *Fracture*.

45. Boucle inaxillaire, dans le *Médecin de Campagne*, tome I, page 29, figure 8. — M. Baudens l'a recommandée pour le service des ambulances, après l'avoir essayée sur le bras fracturé du duc de Nemours.

46. Cloche pour le dégorgement des sangsues. — Même ouvrage, tome II, page 324, figure 10.

D. — Pratique, Services publics

47. Quarante-six années de médecine exercée principalement au milieu des populations pauvres et ignorantes de la campagne, avec un zèle et un désintéressement de notoriété publique.

48. Médecin-vaccinateur, pendant trente-trois ans, des cantons de Vaugneray et de Saint-Genis-Laval (Rhône), par arrêté du Préfet.

E. — Fondation

DISPENSAIRE SPÉCIAL. — Ce dispensaire a été fondé, le 1er janvier 1841, par le docteur Munaret, et il est entretenu, comme celui de la rue Tupin, par la charité de ses membres souscripteurs.

Son but est d'accorder gratuitement les secours de la médecine, de la chirurgie et de la pharmacie aux vénériens indigents de notre ville.

La distribution cellulaire de cet établissement permet à chaque malade de se rendre aux consultations, d'attendre son tour et de se retirer sans être vu.

Les femmes sont admises à consulter les mercredis et samedis, de deux à quatre heures.

Les hommes sont admis les lundis et vendredis, aux mêmes heures.

L'administration du DISPENSAIRE SPÉCIAL se compose de douze membres dont le nombre peut être porté à vingt-quatre, suivant les besoins de l'œuvre, etc.

(*Extrait de l'*ANNUAIRE DÉPARTEMENTAL.)

PIÈCES JUSTIFICATIVES

—

Certificat de fondation

Les soussignés Jean-Louis BRACHET, chevalier de la Légion d'honneur, docteur en médecine, professeur à l'Ecole de Médecine de Lyon, président du Dispensaire spécial de la même ville, et Henri DURAND, conseiller à la Cour d'appel, secrétaire du Dispensaire spécial, certifient que le Dispensaire spécial de Lyon, consacré au traitement gratuit des maladies vénériennes dans la classe indigente et dans la classe ouvrière, a été créé par le zèle actif et plein de charité de M. le docteur Munaret; que seul (M. Munaret) il a recueilli les souscriptions qui ont permis l'établissement de cette institution bienfaisante: que, depuis sa création (en 1840), l'œuvre a constamment progressé sur les bases posées par le fondateur, et que mille malades sont annuellement traités et guéris.

En foi de quoi nous avons signé le présent certificat pour valoir ce que de droit.

Lyon, le 13 juillet 1849.

DURAND, *secrétaire.*　　　　BRACHET, *président.*

Le Maire de Lyon en légalisant la signature de MM. Durand et Brachet, certifie que l'œuvre du Dispensaire spécial a été organisée par M. le docteur Munaret, qui s'y est consacré avec un zèle digne d'éloges.

Lyon, le 7 août 1849.

FRAISSE, *Adjoint.*

Vu pour la légalisation de M. Fraisser, adjoint au Maire de cette ville, par le Préfet du Rhône, qui certifie que les faits énoncés sont exacts.

Lyon, le 27 août 1849.

Pour le Préfet :

Le Secrétaire-général délégué,

A. PELVEY.

*Le Dispensaire spécial jugé par le Conseil de Salubrité du
département du Rhône*

« Mais une sorte de flétrissure est attachée par l'opinion
au séjour des malades dans l'établissement de l'Antiquaille, et beaucoup de jeunes ouvrières reculent devant
les formalités qui leur sont imposées. Pour obtenir d'y
être admises, elles sont obligées d'aller faire l'aveu de
leur honte à un commissaire de police et de le renouveler
dans les bureaux de la police municipale. Cette nécessité
cruelle contraint beaucoup de filles et d'ouvriers de s'a-
dresser à des charlatans qui ajoutent la grave complica-
tion de leur ignorance au virus syphilitique. L'institution
d'un dispensaire secret était une bonne pensée, elle devait
réussir. Une autre considération la motivait : un artisan
est privé de tout salaire pendant la durée de son séjour
dans l'hospice ; cependant son mal a rarement assez
d'intensité pour lui ôter la possibilité de se livrer à son
travail. Grâce au DISPENSAIRE SPÉCIAL pour les affections
syphilitiques, fondé en 1841 par la charité publique et par
M. Munaret, l'ouvrier, aujourd'hui, est traité par des médecins capables et ne quitte pas son atelier. Quand cette
institution philanthropique aura reçu toute l'extension
qu'elle comporte, l'hospice de l'Antiquaille n'admettra plus
dans ses salles que les filles enregistrées et les maladies
vénériennes extrêmement graves. »

(Extrait de l'*Hygiène de la ville de Lyon, ou Opinions
et Rapports du Conseil de Salubrité du département du
Rhône*, publiés par MM. Montfalcon et de Polinière,
page 72.)

Lettre du Maire de Lyon au Préfet du Rhône

Lyon, le 9 juillet 1850.

Monsieur le Préfet,

M. le docteur Munaret m'a exprimé le désir que les services qu'il a rendus par l'organisation du Dispensaire spécial de Lyon fussent portés à votre connaissance par le maire de cette ville.

Je me rends volontiers à ce désir, Monsieur le Préfet, et j'ai l'honneur de vous annoncer qu'il résulte des renseignements officiels qui m'ont été fournis, que si le dispensaire spécial a pu être organisé a Lyon, c'est grâce à la généreuse initiative de M. le docteur Munaret, qui a déployé pour cette création, si utile à la classe ouvrière et indigente, le zèle le plus actif, le plus persistant, et n'a reculé devant aucune des difficultés inhérentes à toute œuvre nouvelle, alors même qu'elle est destinée à produire les meilleurs résultats (le Dispensaire traite actuellement plus de mille malades).

En considérant, d'autre part, que M. Munaret s'est signalé dans le monde médical ou scientifique par un grand nombre de publications remarquables, on doit reconnaître que ce praticien aurait des titres réels à la faveur du gouvernement, s'il croyait devoir la solliciter, et je ne puis, M. le Préfet, que vous prier de vouloir bien, au besoin, lui prêter l'appui de votre recommandation.

Veuillez agréer, Monsieur le Préfet, l'assurance de ma plus haute considération.

Le maire de Lyon,
REVEIL.

II. TITRES SCIENTIFIQUES

ET LITTÉRAIRES

I. — 1825. — Bachelier ès-lettres de l'Académie
de Lyon.

II. — 1825. — Bachelier ès-sciences de l'Académie de Grenoble.

III. — 1830. — Membre de la Société d'Emulation médical de Toulouse.

IV. — 1830. — Membre correspondant du Cercle
médical de Montpellier.

V. — 1830. — Membre titulaire de la Société
chirurgicale d'Emulation de
la même ville.

VI. — 1830. — Secrétaire de la susdite Société.

VII. — 1830. — Docteur en Médecine de la Fa-
culté de Montpellier.

VIII. — 1836. — Membre correspondant de la Société des Sciences physiques,
chimiques et Arts industriels
et agricoles de France.

IX. — 1836. — Membre honoraire de la Société
vaudoise des Sciences médi-
cales.

X. — 1836. — Membre correspondant de la So-

ciété royale de Médecine de
Bordeaux.

XI. — 1838. — Membre correspondant de la Société des Sciences médicales et naturelles de Bruxelles.

XII. — 1838. — Membre correspondant de la Société médico-pratique de Paris.

XIII. — 1838. — Membre correspondant de la Société royale d'Emulation, d'Agriculture, Sciences et Arts du département de l'Ain.

XIV. — 1838. — Membre correspondant de l'Académie royale des Sciences, Belles-Lettres et Arts de Rouen.

XV. — 1838. — Membre correspondant de la Société médicale d'Emulation de Paris.

XVI. — 1838. — Membre correspondant de la Société royale de Médecine de Marseille.

XVII. — 1838. — Membre correspondant de l'Académie royale des Sciences, Arts et Belles-Lettres de Dijon.

XVIII. — 1838. — Membre correspondant de la Société académique du département de la Loire-Inférieure.

XIX. — 1839. — Membre correspondant de la So-

ciété médicale de la princi-
pauté du grand-duché de
Bade.

XX — 1839. — Membre-associé de l'Académie
royale des Sciences, Arts et
Belles-Lettres de Caen.

XXI. — 1840. — Membre correspondant de l'Académie royale de Metz.

XXII. — 1841. — Membre-associé de l'Académie
royale des Sciences, Inscrip-
tions et Belles-lettres de Toulouse.

XXIII. — 1841. — Membre titulaire de la Société
médicale d'Emulation de
Lyon.

XXIV. — 1842. — Membre associé de l'Académie des
Sciences , Belles-Lettres et
Arts de Clermont-Ferrand.

XXV. — 1843. — Membre correspondant de la Société de Médecine de Lyon.

XXVI. — 1844. — Membre correspondant de l'Académie royale des Sciences.
Arts et Belles-Lettres de la
même ville.

XXVII. — 1847. — Membre correspondant de l'Académie royale de Médecine et
de Chirurgie de Turin (Pié-
mont).

XXVIII. — 1847. — Membre correspondant de la Société d'Emulation, Agricul-

ture, Sciences et Arts de l'arrondissement de Nantua (Ain).

XXIX. — 1850. — L'un des trois fondateurs, et secrétaire général de l'Association de Prévoyance et de Secours des Médecins du Rhône.

XXX — 1852. — Membre correspondant du Conseil d'Hygiène publique et de Salubrité de Lyon, pour le canton de Saint-Genis-Laval.

XXXI. — 1856. — Membre correspondant de l'Académie royale de Savoie.

XXXII. — 1861. — Membre correspondant de la Société de Médecine d'Alger.

XXXIII. — 1862. — Membre correspondant de l'Académie royale de Médecine de Belgique.

XXXIV. — 1862. — Membre correspondant de l'Académie nationale de Médecine et de Chirurgie de Cadix.

XXXV. — 1875. — Vice-président honoraire de l'Institut de Thérapeutique dosimétrique de Paris.